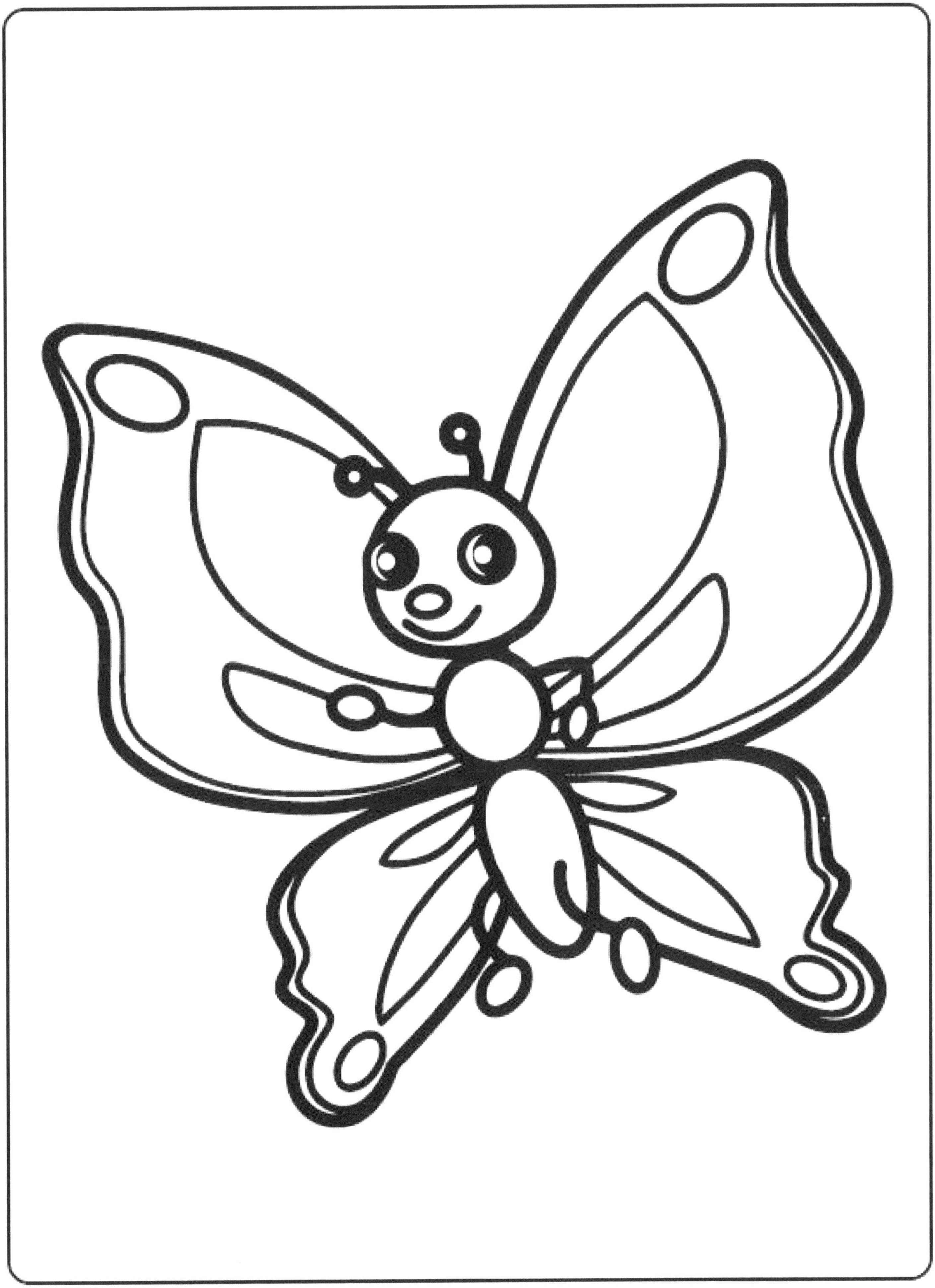

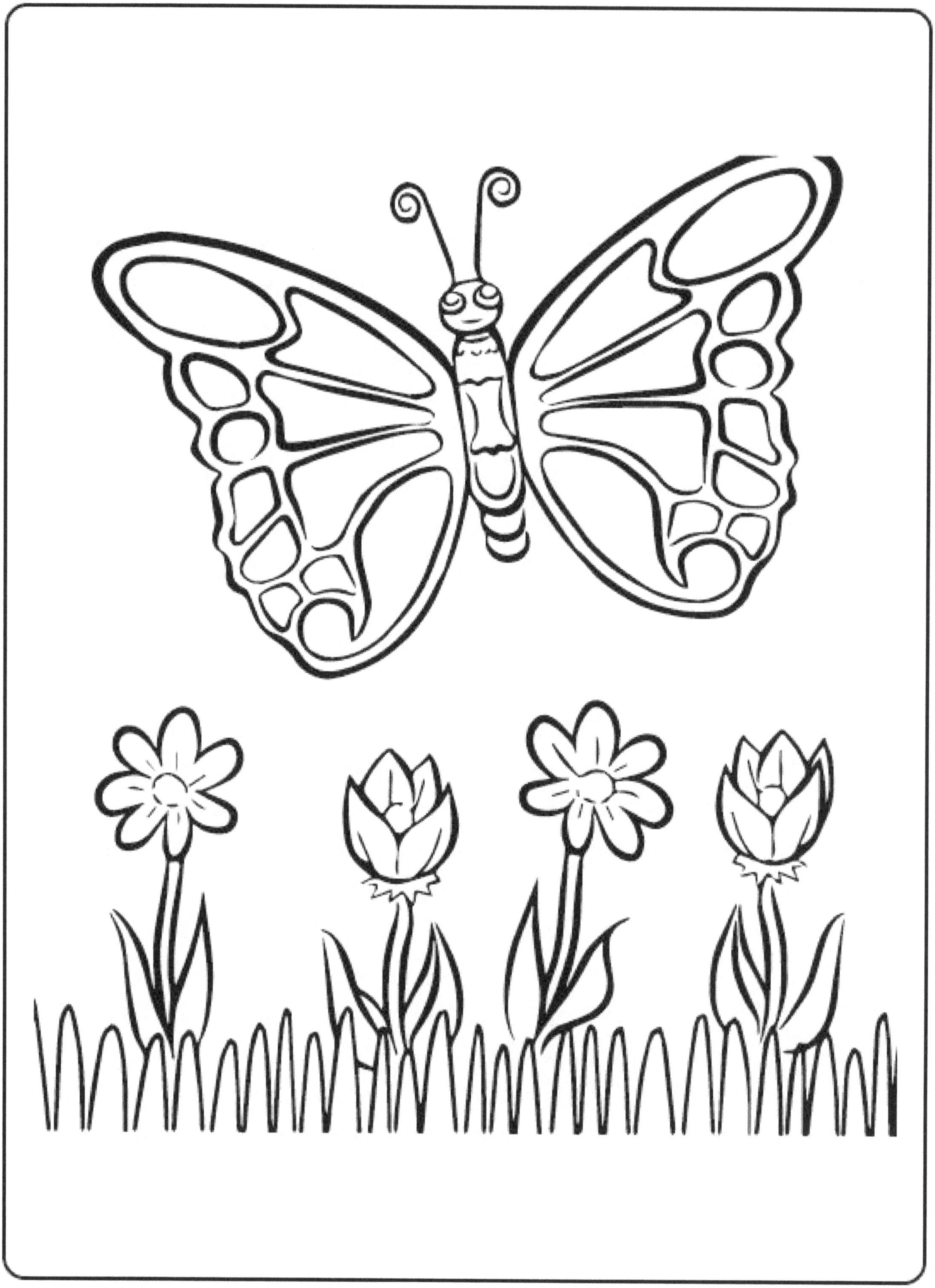

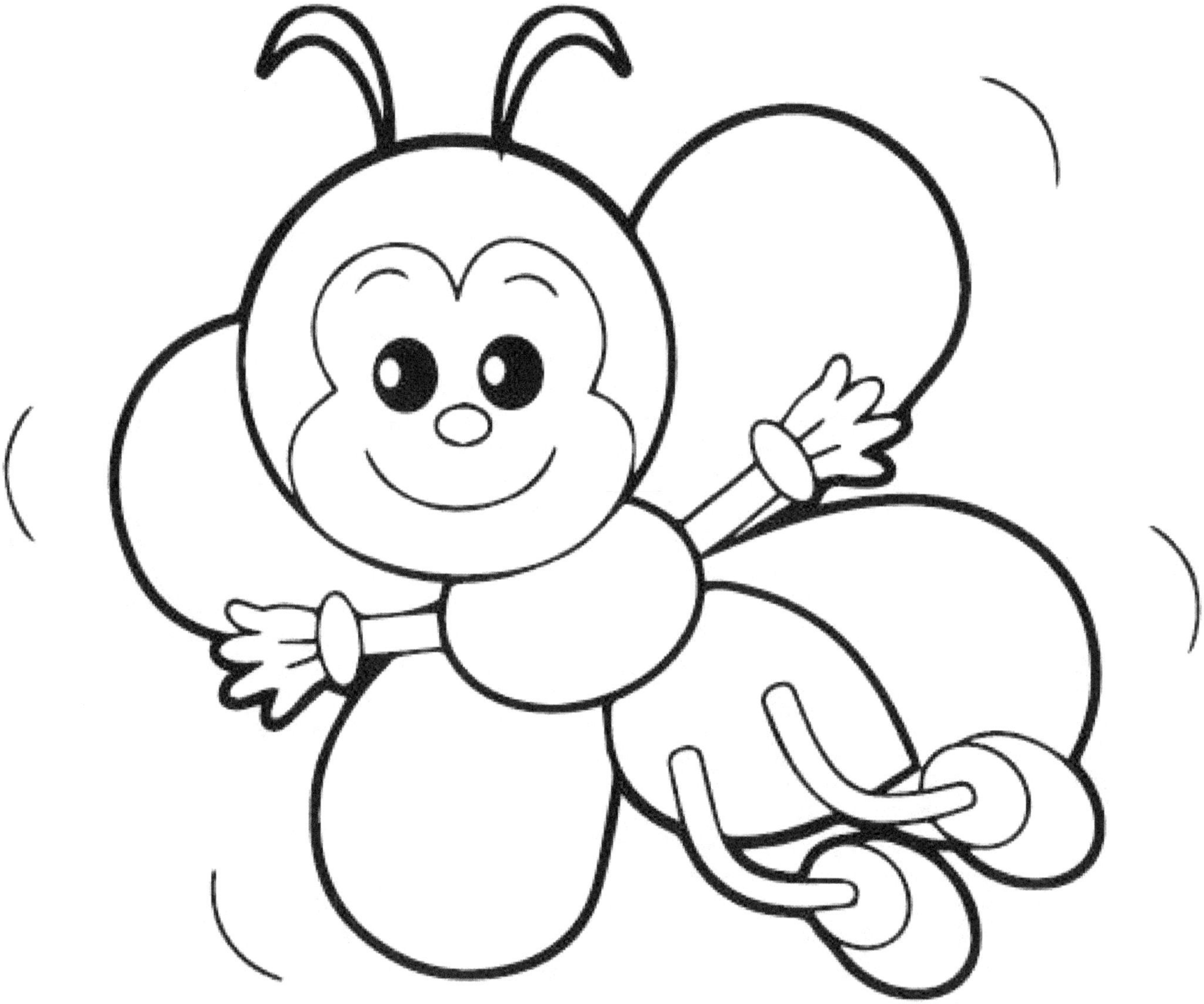

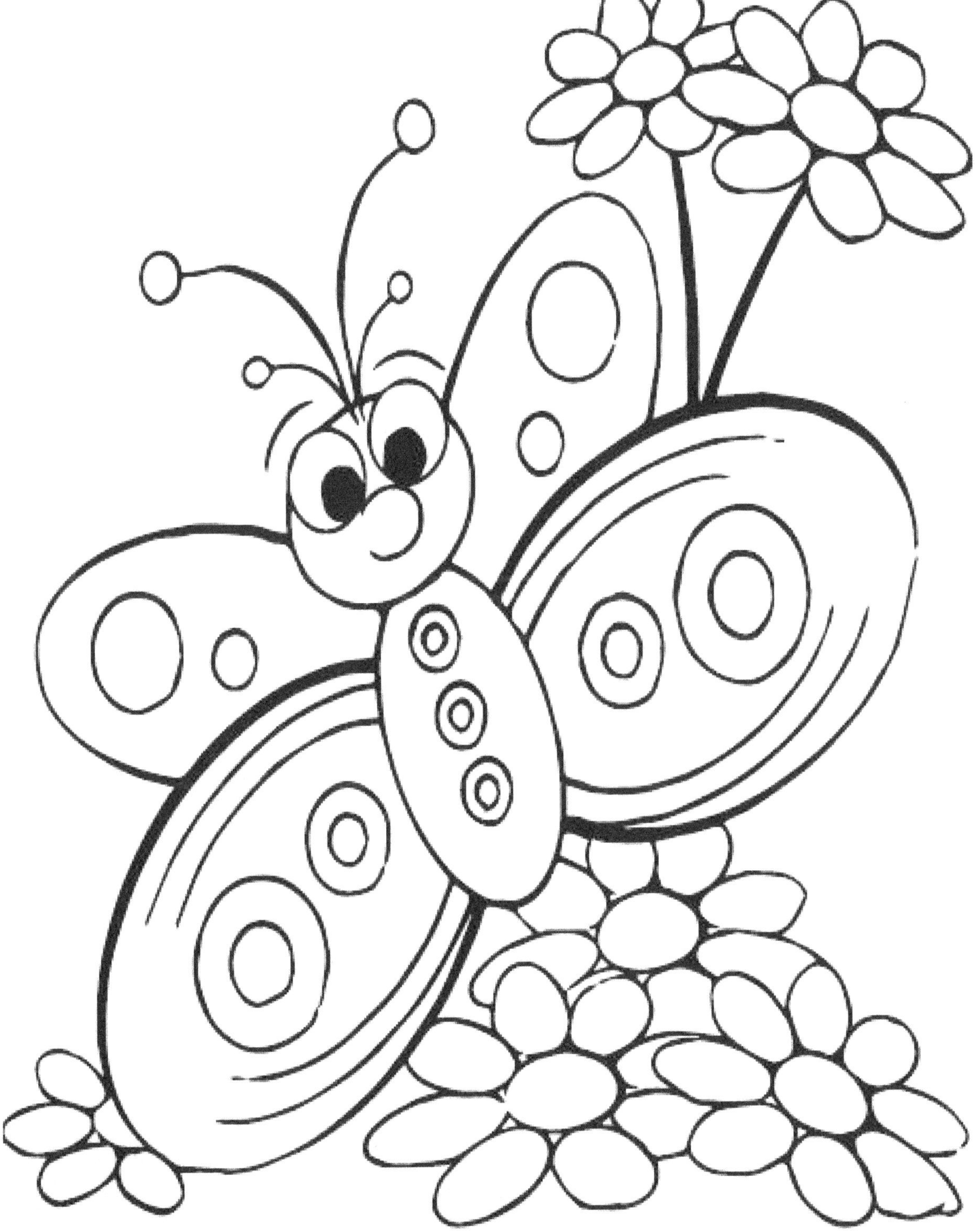

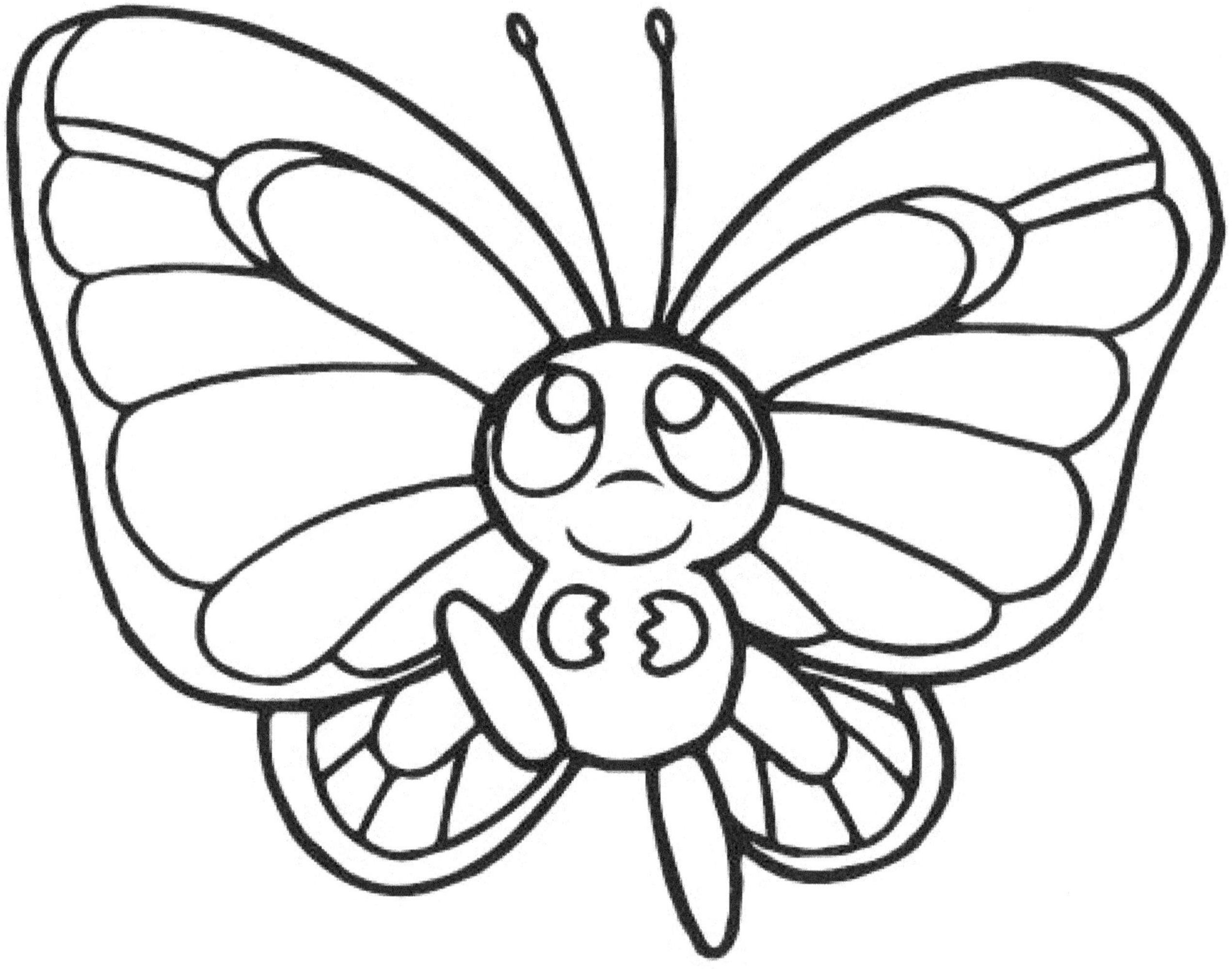

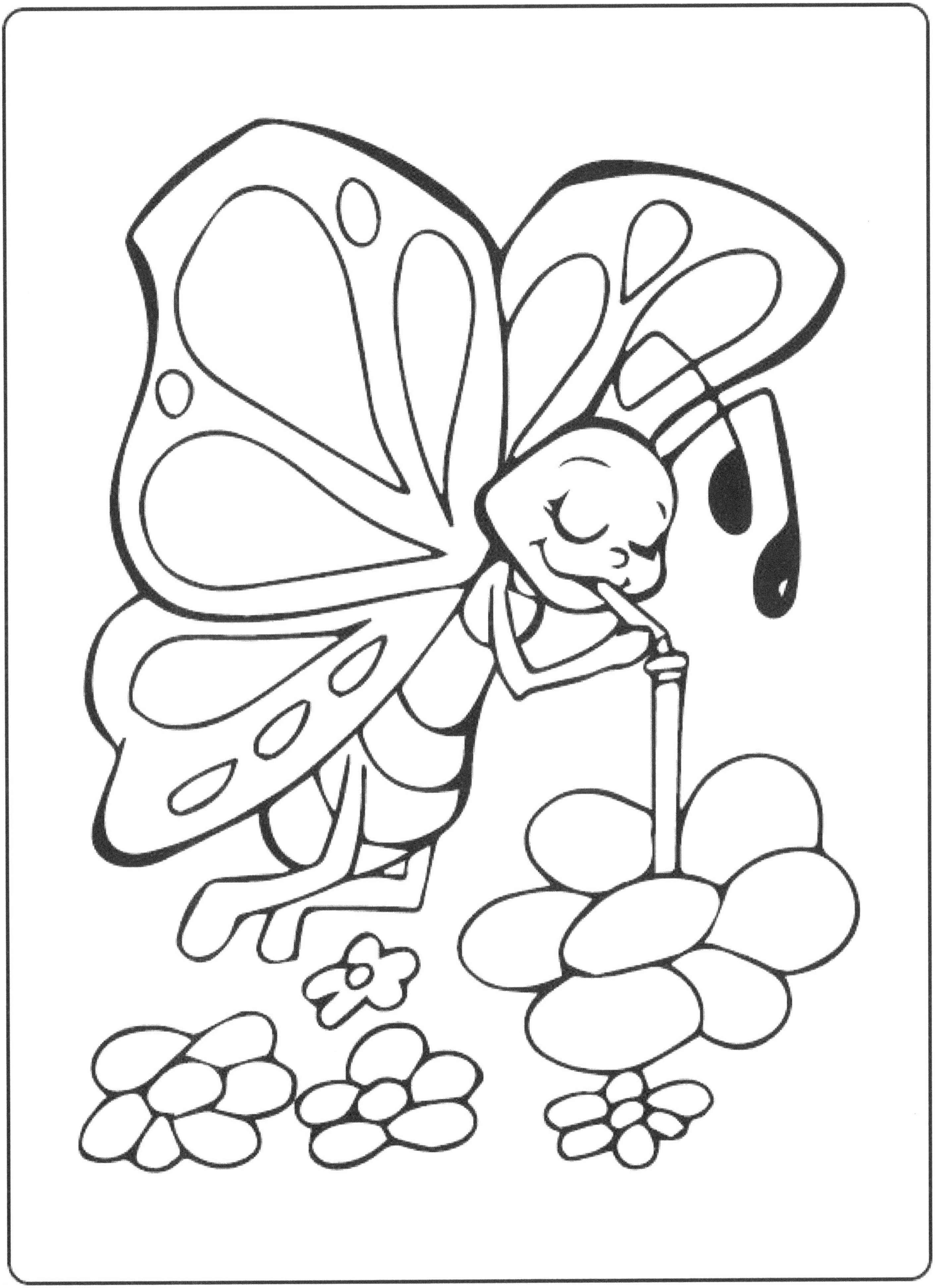

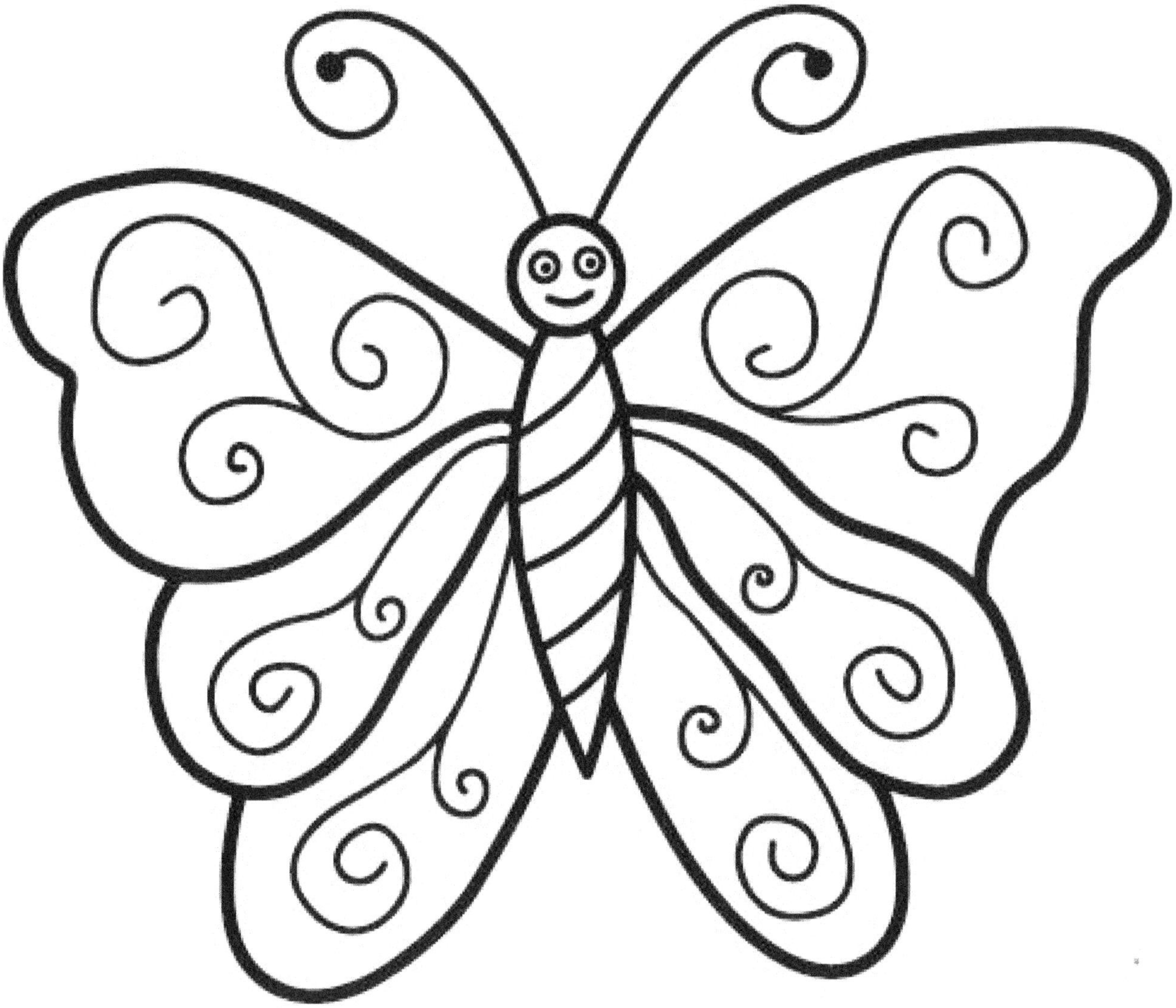

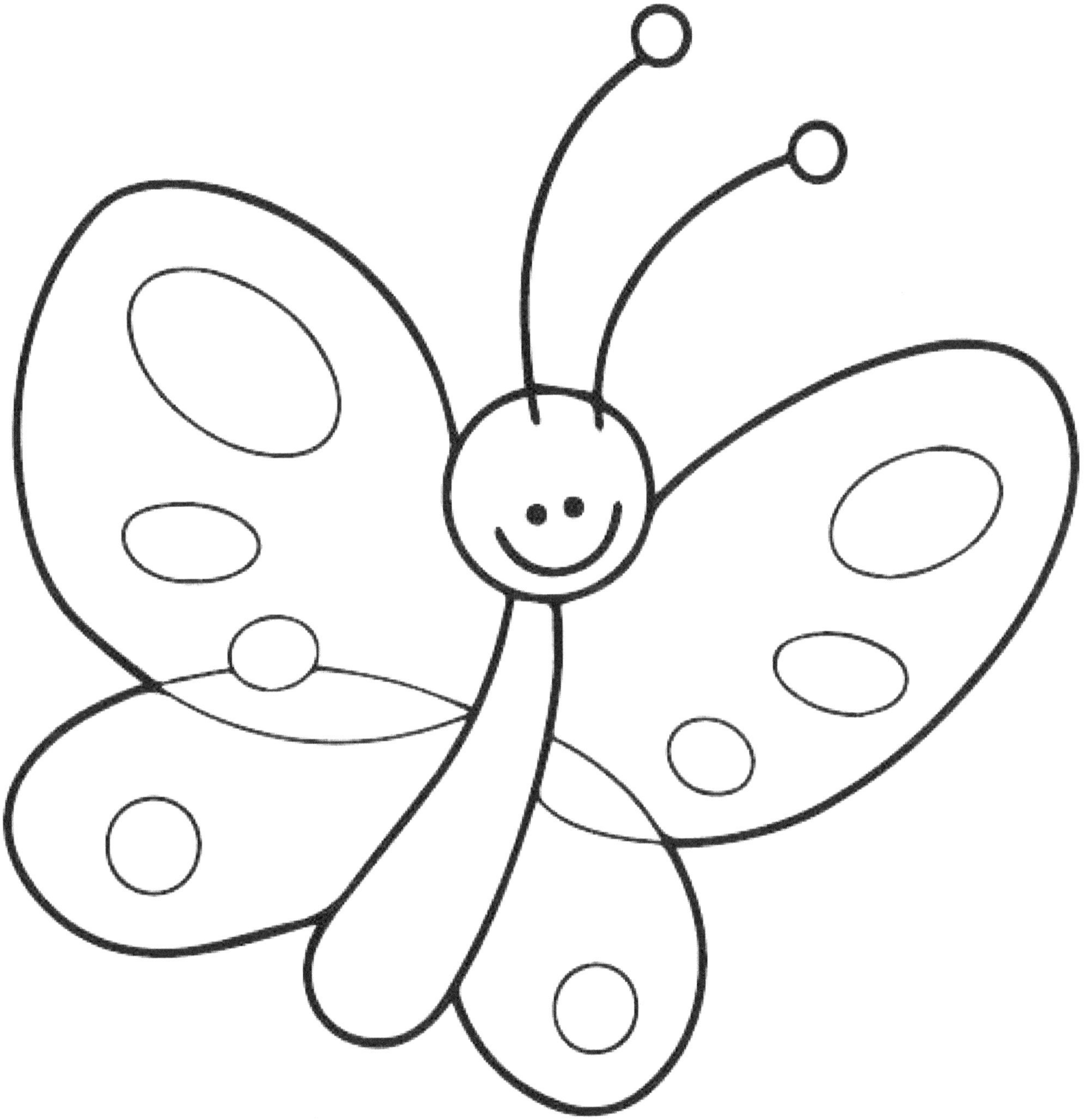

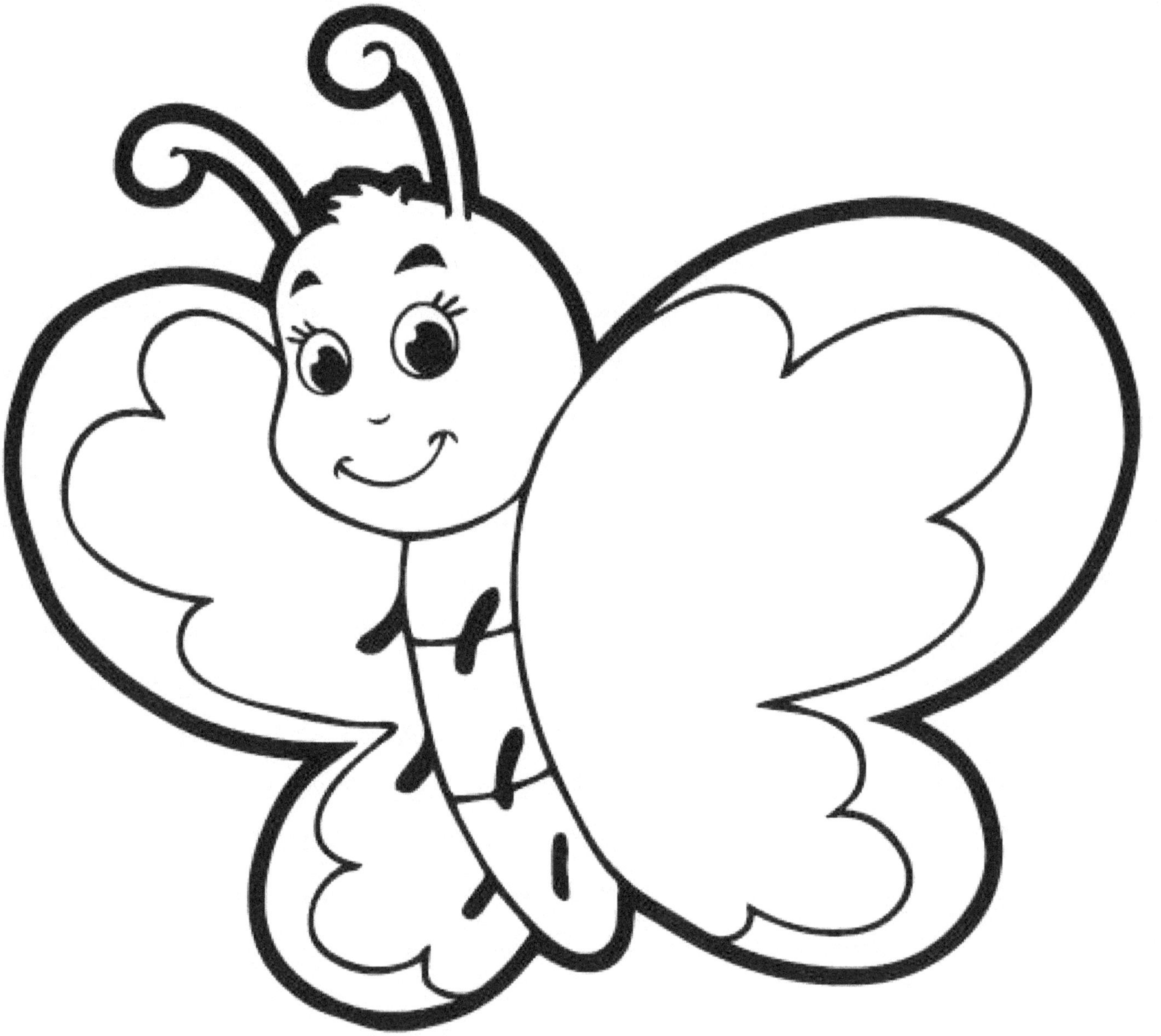

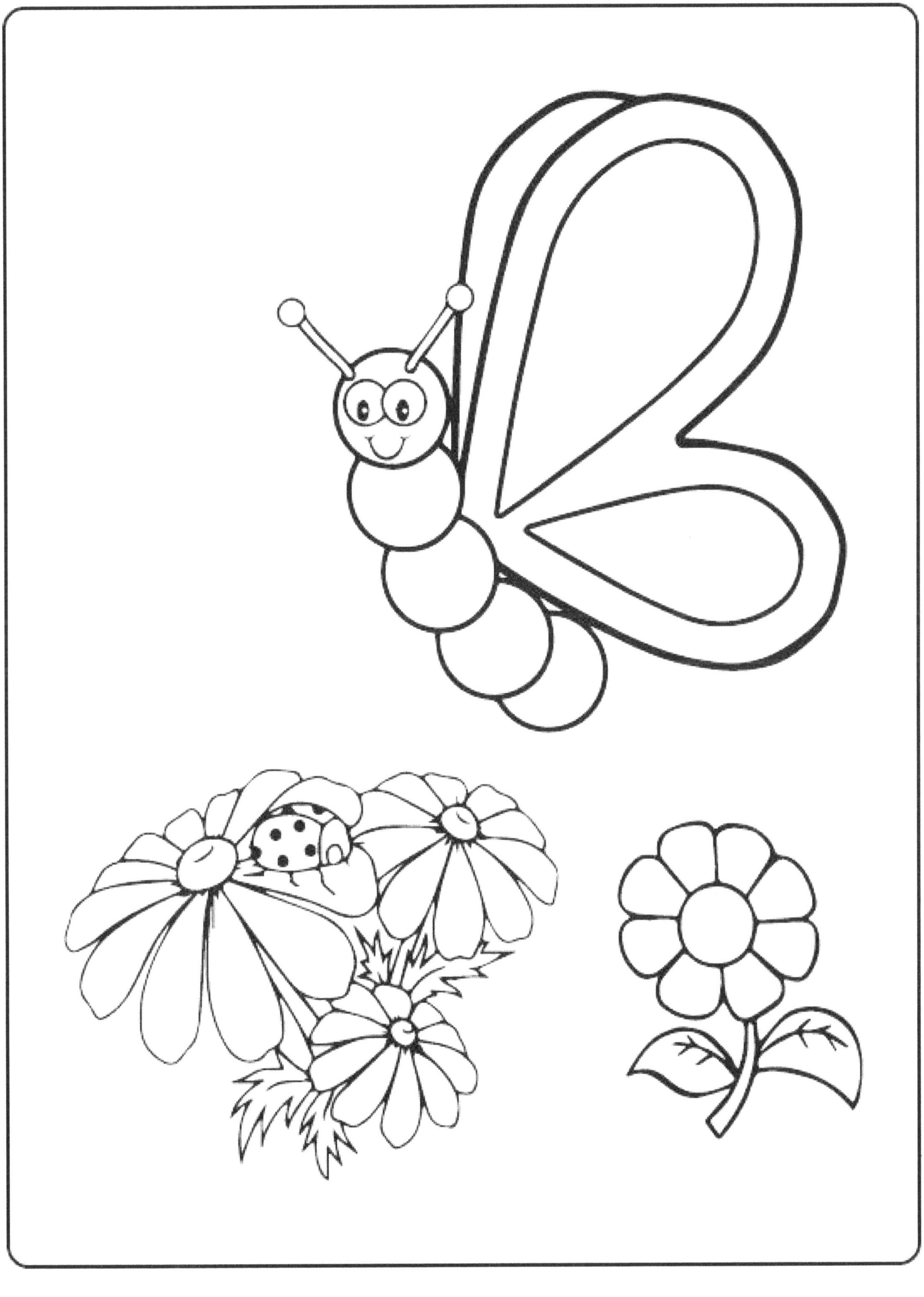

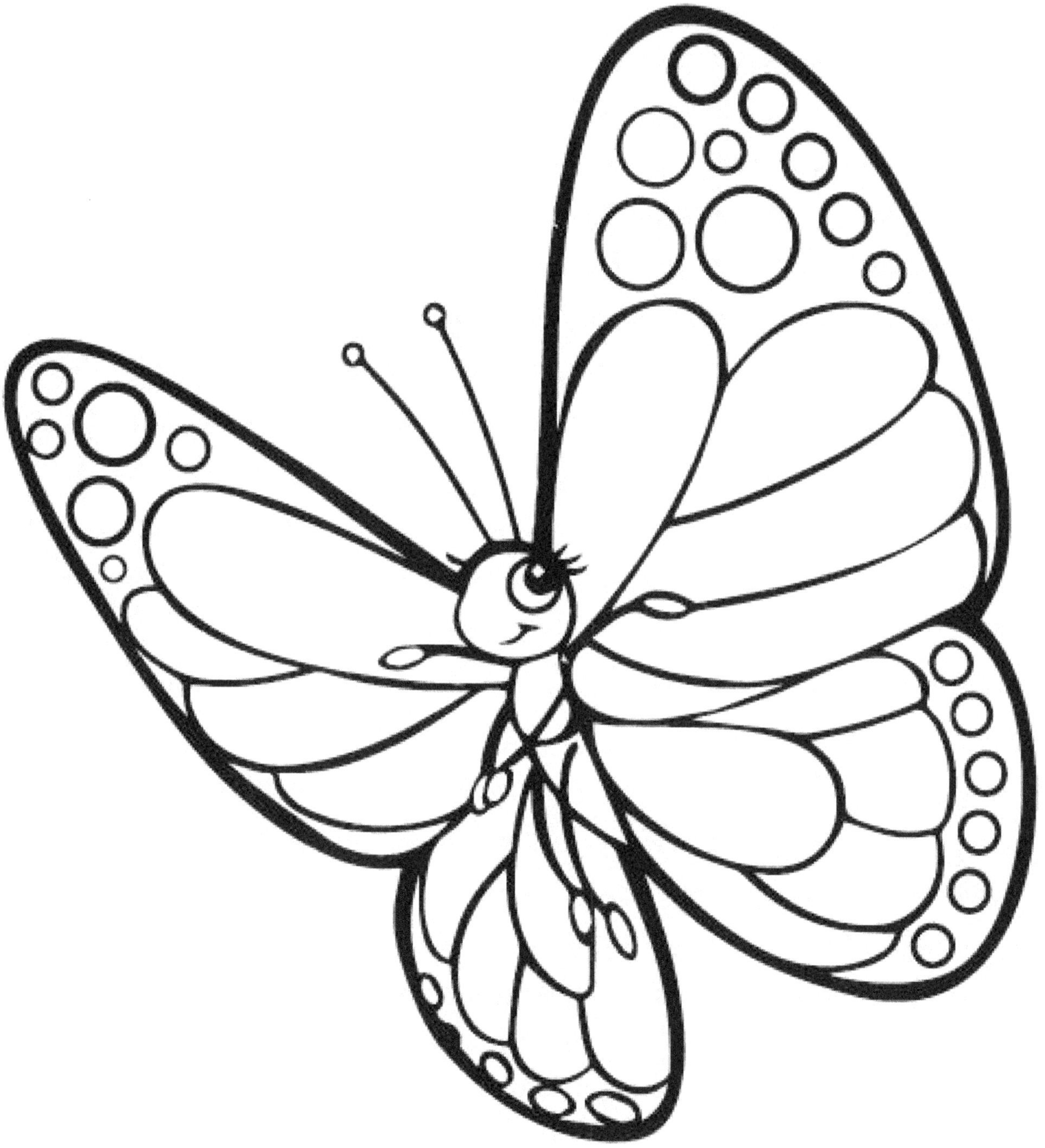

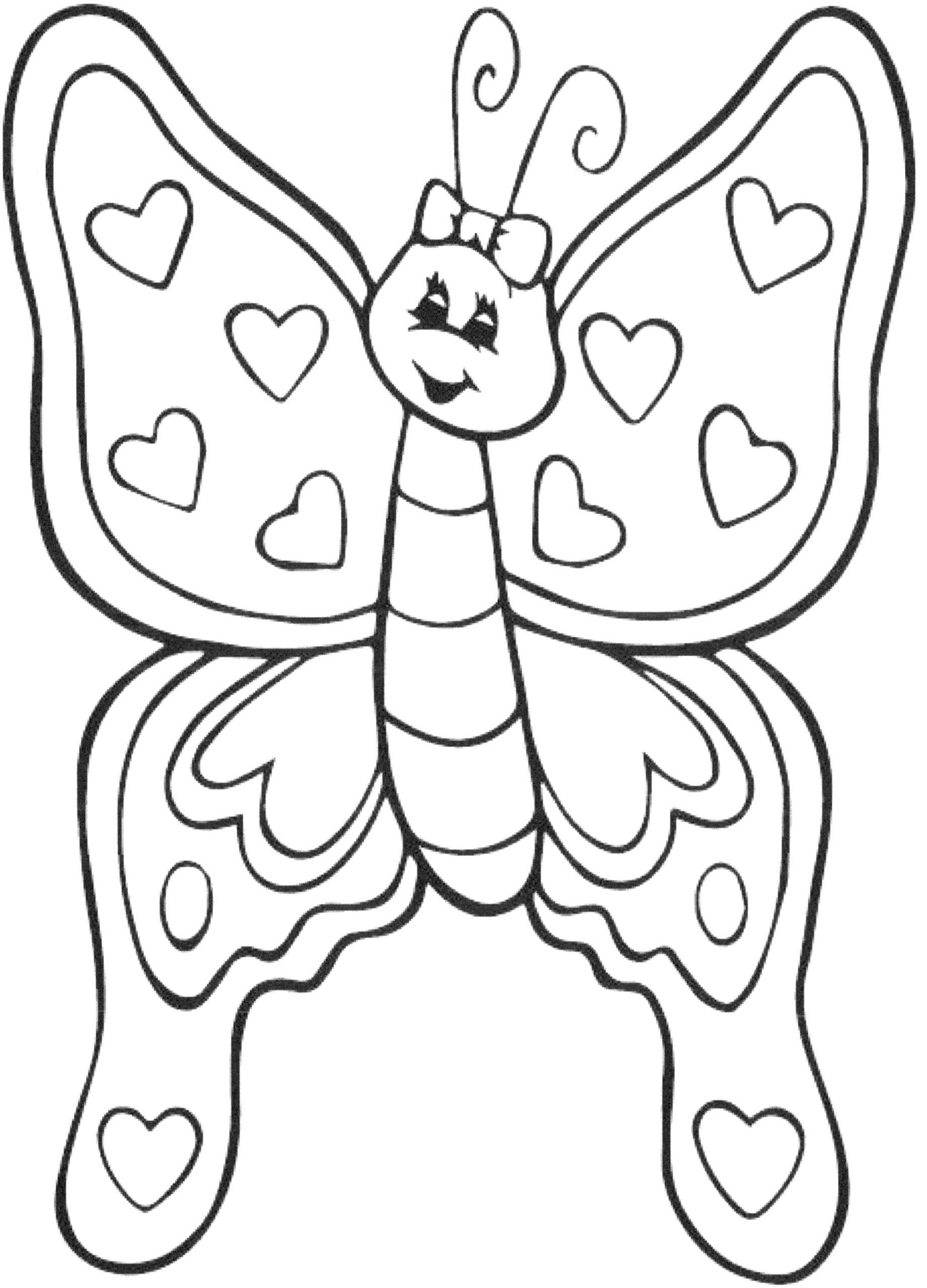

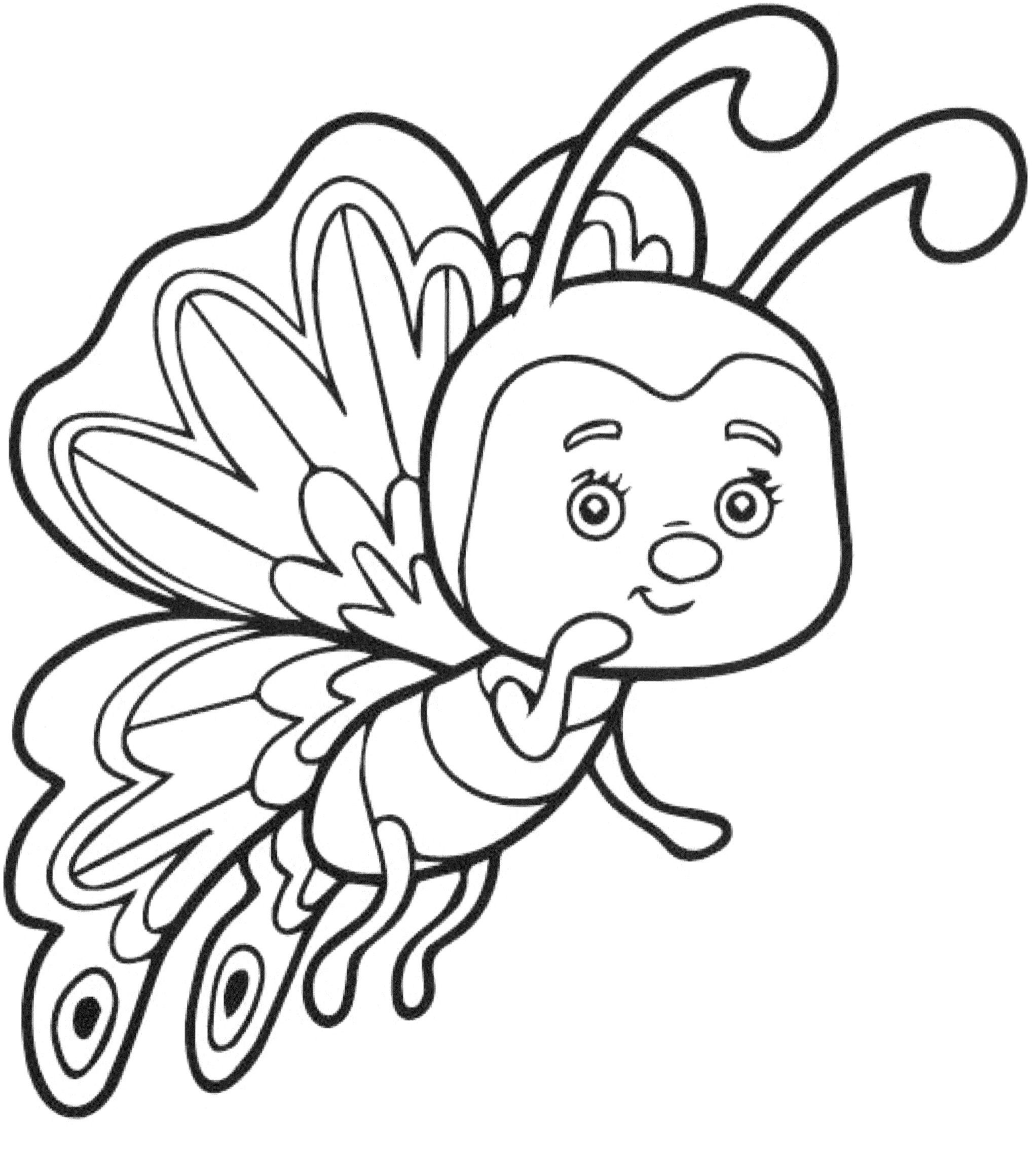

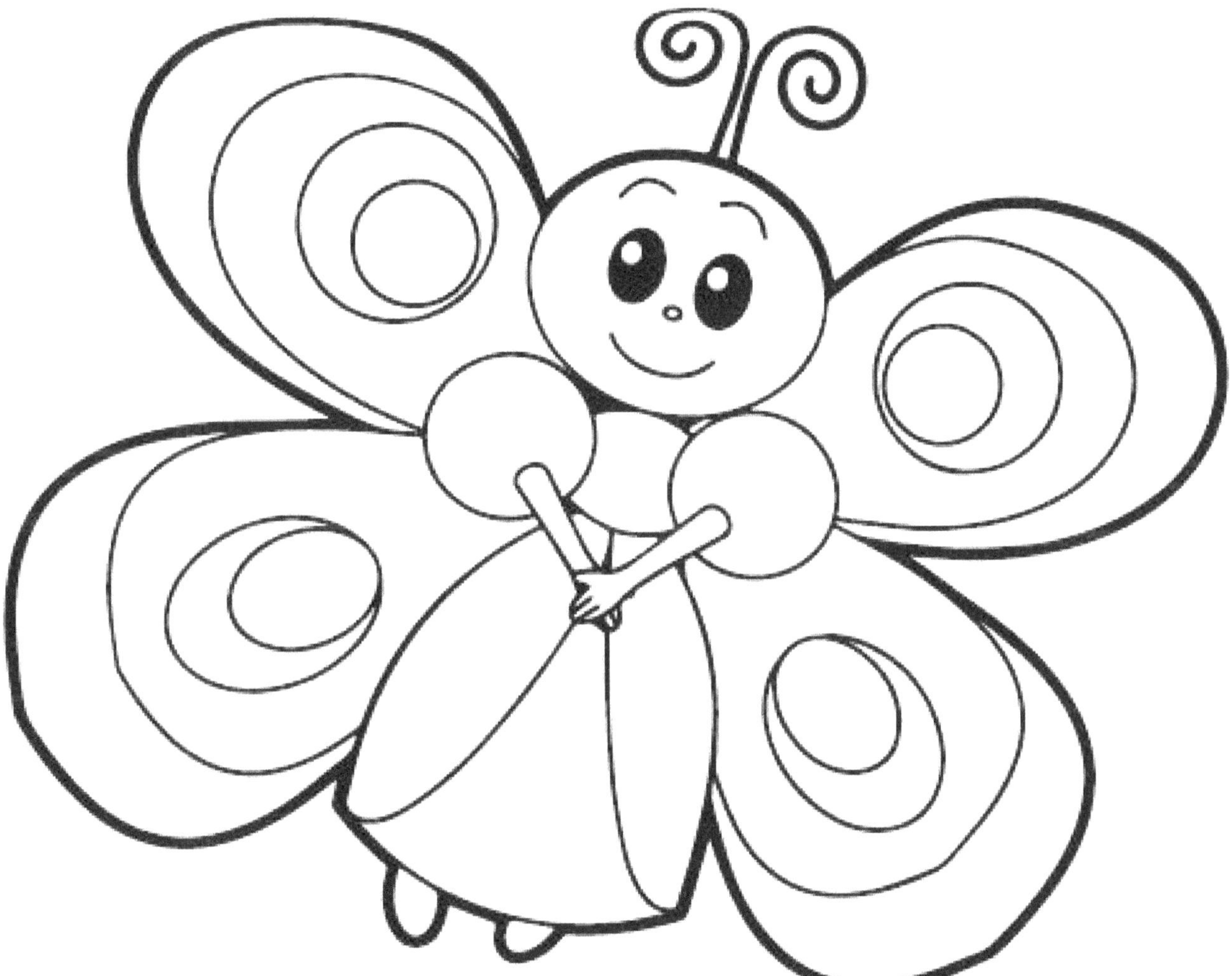

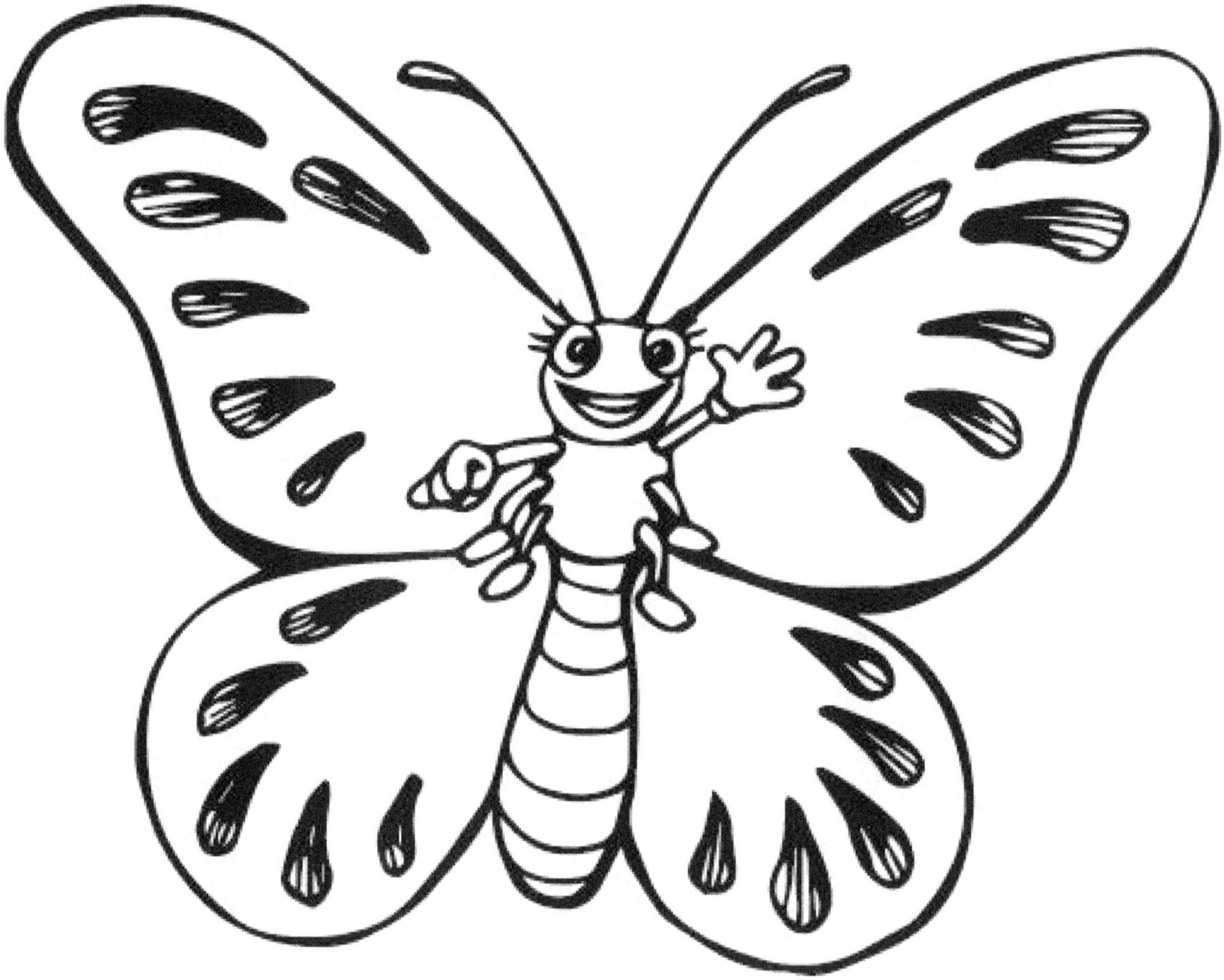

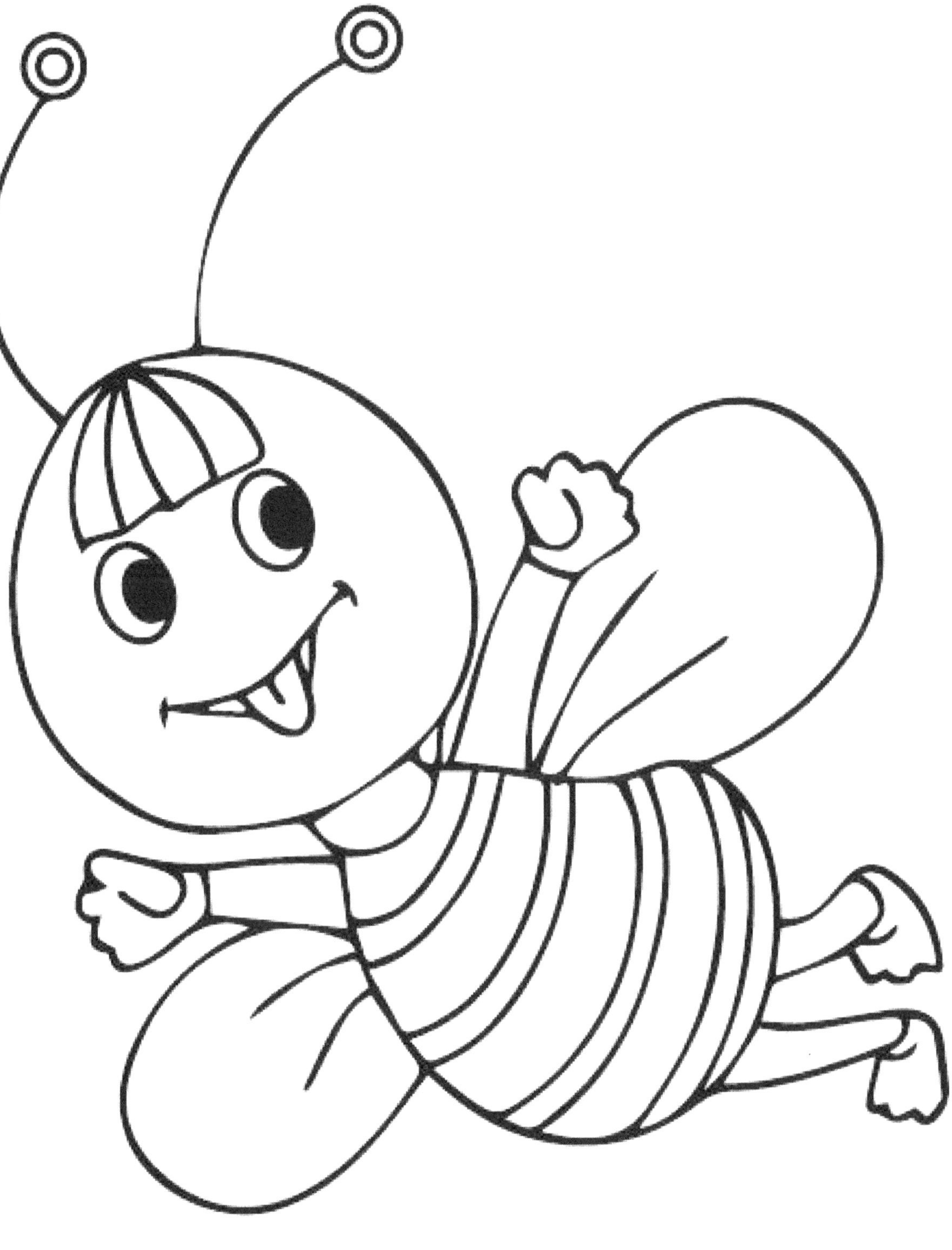

Milton Keynes UK
Ingram Content Group UK Ltd.
UKHW031901041223
433765UK00017B/1290

9 788775 778966